AF455637

LE CARNAVAL ET LA FOLIE,

COMEDIE-BALLET,

REPRÉSENTÉE PAR L'ACADEMIE ROYALE DE MUSIQUE;

Pour la premiere fois, le trois Janvier 1704.
Pour la ſeconde, le ſeize May 1719.
Pour la troiſiéme, le treize Juillet 1730.

DE L'IMPRIMERIE
De JEAN-BAPTISTE-CHRISTOPHE BALLARD,
Seul Imprimeur du Roy, & de l'Academie Royale de Muſique.

M. DCCXXX.

AVEC PRIVILEGE DU ROY.

LE PRIX EST DE XXX. SOLS.

PERSONNAGES DU PROLOGUE.

JUPITER,	Mr. Fontenay.
VENUS,	Mlle. Eermans.
MOMUS,	Mr. Dun.
MERCURE,	Mr. Dumast.
Les Dieux & les Déesses.	

ACTEURS ET ACTRICES Chantants dans les Chœurs du Prologue, & du Ballet.

CÔTE' DU ROY.		CÔTE' DE LA REINE.	
Mesdemoiselles	*Messieurs*	*Mesdemoiselles*	*Messieurs*
Souris.	Dun pere.	La Roche.	Le Myre.
Dun.	Flamand.	Tettelette.	Morand.
Jullie.	S. Martin.	Antier-C.	Laserre.
Dutillié.	Gouget.	Charlard.	Bertin.
Lavallée.	Person.	Petitpas.	Buseau.
David.	Deshais.		Dautrep.
	Dubrieul.		Corail.
	Duplessis.		Duchesne.
	Combeau.		Houbeau.

DIVERTISSEMENT du Prologue.

LES GRACES;

Mademoiselle Mariette;

Mesdemoiselles Thybert, Ferette, Durocher.

PLAISIRS;

Messieurs Tabary, Savar;

Mesdemoiselles Petit, Duval.

JEUX;

Messieurs Bontemps, Matignon.

PROLOGUE.

Le Theâtre représente les Cieux, où les Dieux sont en festin.

SCENE PREMIERE.

JUPITER, VENUS ET LE CHOEUR en se faisant servir le Nectar.

V'à nos vœux icy tout réponde:
Versez-nous, versez-nous la celeste liqueur.
Versez, que le Nectar enchante nôtre cœur,
Qu'il y porte une paix profonde.

JUPITER.

C'est assez de Nectar; Amour, vien par tes feux,
Achever de nous rendre heureux.

MOMUS, à JUPITER.

Ne vous faites point violence:
Junon est encor à Samos,
Profitez bien de son absence.

JUPITER.

Téméraire Momus, laisse-nous en repos.

Que l'on chante icy, que l'on danse,
Livrons-nous à tous nos desirs;
Sur nôtre puissance
Reglons nos plaisirs.

On danse.

VENUS.

Regnez, Amour, regnez, rassemblez vos attraits;
Triomphez sur nos cœurs, étendez vôtre Empire.

CHOEUR.

Triomphez sur nos cœurs, étendez vôtre Empire.

VENUS ET JUPITER.

Mais, qu'à son gré, chacun soupire;
Laissez-nous le choix de vos traits.

LE CHOEUR.

Triomphez sur nos cœurs, étendez vôtre Empire.

On danse.

VENUS.

Dieu d'Amour, reserve-nous tes charmes,
C'est pour nos cœurs que tes plaisirs sont faits;
Fay-nous sans allarmes
Goûter leurs attraits.
Doux Moments,
Doux Transports des Amants,
Ne pouvez-vous naître
Qu'après les tourments?
Aimons tous,
Tendre Amour, blesse-nous:
Qui peut craindre pour maître
Un Vainqueur si doux?
Tes biens trop aimables
Sont trop peu durables,
Fixe-les pour nous.

On danse.

CHOEUR des Déesses.

Viens Amour, avec tous tes charmes;
Que les Jeux viennent sur tes pas,
Nous aimons tes douces allarmes,
Tes chaînes, tes feux sont remplis d'appas,
Prend tes traits, prépare tes armes,
Et vien te venger des cœurs qui n'aiment pas.

On danse.

SCENE II.

MERCURE, & les Acteurs de la Scene précédente.

MERCURE.

Quittez, quittez ces Jeux, en faveur de l'Amour;
Que de nouveaux soins les suspendent;
Dans un moins superbe séjour
De plus doux plaisirs vous attendent.

J'ay volé, j'ay servy vos feux,
Et mille charmantes Mortelles
N'aspirent qu'au moment heureux
De vous voir soupirer près d'elles.

MOMUS, aux Dieux.

Suivez, suivez Mercure, abandonnez les cieux.

Livrez-vous aux plaisirs; qu'envain la Gloire gronde,
L'Amour est un plus digne objet.
Aimez, il est un Roy qui prend le soin du monde,
Joüissez du loisir qu'un Mortel vous a fait.

JUPITER.

De tes ris outrageants, c'est trop souffrir l'injure,
Cesse, Momus, de troubler nos desirs:
Fuy, va chez les Mortels exercer ta censure,
Et laisse icy les Dieux maîtres de leurs plaisirs.

MOMUS.

MOMUS.

Le Destin m'a soûmis au Maître du tonnerre,
J'obéis à ses loix, & je vous quitte tous :
Mais, j'espere bien-tôt vous revoir sur la terre,
Sous des formes dignes de vous.

LE CHOEUR des Dieux.

Allez, Amours, conduisez-nous ;
Sous divers changements, trompons les yeux jaloux.

Les Amours, volent pour conduire les Dieux.

FIN DU PROLOGUE.

APPROBATION.

J'AY lû par ordre de Monseigneur le Garde des Sceaux, *Le Carnaval & la Folie, Comedie-Ballet.* Fait ce vingt-huitiéme Juin mil sept cent trente. Signé GALLYOT.

ACTEURS
DE LA COMEDIE.

PLUTUS, *Dieu des Richesses*, Mr. Tribou.
LA JEUNESSE, Mlle. Mignier.
LA FOLIE, *Fille de Plutus, & de la Jeunesse*, Mlle. Pellicier.
LE CARNAVAL, Mr. Chassé.
MOMUS, Mr. Dun.
Suite de Plutus & de la Jeunesse.
LE CHEF DES MATELOTS, Mr. Cuvillier.
Troupe de Matelots.
LE PROFESSEUR DE FOLIE, Mr. Tribou.
UN MUSICIEN ECOLIER, Mr. Dumast.
UN POETE, Mr. Cuvillier.
Le Fleuve l'Ethé.
JUPITER, Mr. Fontenay.
VENUS, Mlle. Eermans.
BACCHUS, } Mr. Dumast.
MERCURE, }
Troupe de Peuples masquez.

La Scene est dans l'Isle de la Folie.

DIVERTISSEMENTS du Ballet.

ACTE PREMIER.

SUIVANTS DE PLUTUS;

Monsieur Maltair-C.;

Messieurs Javilliers, Dumay, Savar, Tabary, Dangeville.

SUIVANTS DE LA JEUNESSE;

Mademoiselle Sallé;

Mesdemoiselles Thybert, Petit, Durocher, Lamartiniere, Ferette.

ACTE SECOND.

MATELOTS;

Monsieur D-Dumoulin;

Messieurs Dangeville, P-Dumoulin, F-Dumoulin, Maltair-L., Hamoche.

MATELOTTES;

Mademoiselle Camargo;

Mesdemoiselles Thybert, Durocher, Lamartiniere, Binet, Ferette.

ACTE TROISIE'ME.

ECOLIERS ET ECOLIERES;

Monsieur D-Dumoulin; Mademoiselle Camargo.

Messieurs Bontemps, Maltair-C., Matignon.

Mesdememoiselles Thybert, Mariette, Ferette.

MATASSINS;

Messieurs Maltair-L., Dangeville, Javilliers, P-Dumoulin, Dupré, Dumay.

ACTE QUATRIE'ME.

UN BERGER, UNE BERGERE;

Monsieur Maltair-C.; Mademoiselle Sallé;

UN GREC, UNE GRECQUE;

Monsieur Matignon; Mademoiselle Mariette.

POLONOIS, POLONOISE;

Monsieur Savar; Mademoiselle Petit.

ESPAGNOL, ESPAGNOLETTE;

Monsieur Dangeville; Mademoiselle Thybert.

AMERIQUAIN, AMERIQUAINNE;

Monsieur Bontemps; Mademoiselle Durocher.

CHINOIS, CHINOISE;

Monsieur Maltair-L.; Mademoiselle Ferette.

LE CARNAVAL ET LA FOLIE,

COMEDIE-BALLET.

ACTE PREMIER.

Le Theâtre représente un Bois fleury, consacré A LA JEUNESSE.

SCENE PREMIERE.

LE CARNAVAL.

Bacchus, laisse-moy soupirer;
Amour, laisse-moy boire.
Mon cœur entre vos mains se plaît à se livrer;
Entre vous-deux, partagez la victoire.
De tendresse & de vin je me veux enyvrer;
L'Amour fait mes plaisirs, & Bacchus fait ma gloire.

Bacchus, laisse-moy soupirer;
Amour, laisse-moy boire.

SCENE II.

LE CARNAVAL, MOMUS.

MOMUS.

TU vois l'Objet de la haine des Dieux,
Dans le Censeur de leur caprice ;
Ils m'ont banni du Ciel, & le Maître des Cieux
Veut joüir en paix de ses vices.
C'est toy désormais que je sers ;
Souffre que sur tes pas pour jamais je m'engage ;
Et que du Nectar que je perds,
Ton vin charmant me dédommage.

ENSEMBLE.

Que les biens désormais soient communs entre-nous ;
Qu'à jamais l'amitié nous lie,

LE CARNAVAL.

Pour commencer des nœuds si doux,
Ecoute, c'est à toy que mon cœur se confie.
Tu vois ce séjour enchanté ;
Le repos regne sur ces rives.
L'Abondance y nourrit la molle volupté,
Du rocher que tu vois, le paisible Léthé
Répand jusqu'aux Enfers ses ondes fugitives ;

Plutus & la Jeunesse en ce charmant séjour
Goûtent un sort exempt de peines:
Dés long-temps le fidele Amour
Les a liez de ses plus douces chaînes,
Et l'aimable Folie en a reçû le jour.

MOMUS.

Quoy! quel secret enfin va suivre cette Image?

LE CARNAVAL.

Cher Momus, la Folie est l'Objet qui m'engage.

MOMUS, en riant.

Que vôtre choix est beau! que vos liens sont doux!
Vous ne pouviez trouver de Maîtresse plus belle:
Elle seule est digne de vous,
Et vous seul étes digne d'elle.

LE CARNAVAL.

Tel se mocque de mes ardeurs,
Qui suit ses loix sans la connoître;
Par des charmes secrets elle enchante les cœurs,
Et j'ay mille Rivaux qui ne pensent pas l'être.

MOMUS.

Malgré tous vos Rivaux, l'Amour doit réünir
Deux cœurs où le Destin mit tant de ressemblance;
Trop digne de la préference,
Vous étes sûr de l'obtenir.

LE CARNAVAL.

Momus, je suis aimé de l'Objet qui me blesse,
Et l'Hymen va bientôt, par ses aimables nœuds,
Achever de me rendre heureux,
Si j'y fais consentir Plutus & la Jeunesse.

On entend une Symphonie.

Mais, ils viennent au bruit de ces concerts charmants,
Le temps n'affoiblit point leur flâme:
Il semble que l'Amour lance à tous les moments
Quelque trait nouveau dans leur ame.

SCENE III.

SCENE III.

PLUTUS, LA JEUNESSE, MOMUS, LE CARNAVAL.

Suite de PLUTUS & de LA JEUNESSE.

PLUTUS.

JEunesse brillante,
Tous les plaisirs suivent vos pas ;
Sans vous rien ne contente ;
Vous donnez à tout mille appas :
Il n'est point dans les Cieux de Déesses si belles.
Le charme de la nouveauté
Accompagne toûjours vos graces immortelles ;
Vous étes la seule Beauté
Qui peut faire des cœurs fideles.

LA JEUNESSE.

Aimable Dieu, de qui la main dispense
Ce qui rend les Mortels heureux ;
Vôtre vaste puissance
Réünit pour vous tous les vœux :
En vous cherchant, la peine devient chere ;
On se fait de vous voir le plus charmant plaisir :
Le bonheur même de vous plaire
En irrite encore le desir.

PLUTUS ET LA JEUNESSE.

Amour, de nôtre flâme accroy la violence;
Vole, vien resserrer nos nœuds:
Pour le prix de nôtre constance,
Nous ne voulons qu'être plus amoureux.

PLUTUS.

Que tout vous parle icy de l'ardeur qui m'enchante,
Déesse, voyez en ces lieux
S'élever à ma voix puissante,
Un Palais digne de vos yeux.

Le Theâtre change, & représente le Palais de PLUTUS.

PLUTUS.

Vous qui suivez mes pas, servez l'amour extrême,
Où mon cœur s'est abandonné;
Venez offrir à ce que j'aime
Tout ce que le sort m'a donné.

Les Suivants de PLUTUS viennent offrir de riches presens à LA JEUNESSE, & se réünir avec sa Suite, pour rendre leurs hommages.

SCENE IV.

LA FOLIE, & les Acteurs de la Scene précédente.

LA FOLIE.

CEssez, Jeux indiscrets, où manquoit la Folie;
Qu'icy tout se taise à ma voix.
Je ne veux point souffrir de Fête où l'on m'oublie,
Et l'on ne doit icy rire que sous mes loix.

PLUTUS ET LA JEUNESSE.

Quoy! vous osez....

LA FOLIE.

Envain ce discours vous offense.

Je dois la vie à vôtre amour,
Mais ne me comptez pas sous vôtre obéïssance:
L'honneur de m'avoir mise au jour,
Vous paye assez de ma naissance,

Abandonnez cet Isle, ou m'y laissez regner.

PLUTUS ET LA JEUNESSE.

Hé-bien, il faut ceder à vôtre violence;
Puisque de vous guérir nous perdons l'esperance,
La raison doit nous éloigner.

LA FOLIE.

Demeurez, il suffit de vôtre obéïssance.

Que vôtre regne recommence ;
Revenez, doux Plaisirs, Plaisirs, revenez tous ;
Mais revenez encor plus doux ;
Vous languissiez sans moy ; brillez par ma presence.

On danse.

LA FOLIE, LE CARNAVAL, ET LE CHOEUR.

Chantons : du Dieu de l'Or celebrons les appas ;
Chantons la Jeunesse & ses charmes.

Une Partie du CHOEUR.

Tous les cœurs luy rendent les armes.

L'autre Partie.

Tous les cœurs volent sur ses pas.

Les Premiers.

Pour meriter son secours favorable,
On brave la fureur & des Vents & des Mers.

Les Seconds.

Elle seule embellit les plus affreux deserts,
Et sans elle, il n'est point de séjour agréable.

LES CHOEURS.

Non, non, tout l'Univers
N'a rien de plus aimable.

On danse.

LA FOLIE.

Souffrez que l'Amour vous lie,
Jeunes Cœurs, cédez à ses feux,
Sans l'Amour & la Folie,
Il n'est point de moments heureux.

L'Amour m'a prêté ses armes,
C'est à moy de lancer ses traits:
Ne craignez point ses allarmes,
J'y répands les plus doux attraits.

Souffrez que l'Amour vous lie,
Jeunes Cœurs, cédez à ses feux:
Sans l'Amour & la Folie,
Il n'est point de moments heureux.

Suivez une erreur charmante,
Jouissez d'un bonheur constant;
La tendre Folie enchante,
La Sagesse en fait-elle autant?

Souffrez que l'Amour vous lie,
Jeunes Cœurs, cédez à ses feux:
Sans l'Amour & la Folie,
Il n'est point de moments heureux.

CHOEUR.

Au Dieu d'Amour livrez vôtre ame,
Le plaisir naît de ses ardeurs;
Qu'il triomphe, qu'il vous enflâme,
Qu'il enchaîne à jamais vos cœurs.

LE CARNAVAL, à PLUTUS & à LA JEUNESSE.

Vous voyez, Dieux charmants, la Déesse que j'aime,
C'est à vous de regler ses vœux;
Elle daigne répondre à ma tendresse extrême,
Consentez que l'Hymen nous unisse tous deux.

PLUTUS ET LA JEUNESSE.

Tout flate vos desirs, nous aprouvons vos feux.

LA FOLIE sort.

LE CARNAVAL.

Belle Déesse... O Ciel! elle a quitté ces lieux!
De vôtre aveu sa pudeur est blessée.
Elle a fui des discours qui l'ont embarrassée;
Allons faire éclater mes transports à ses yeux.

CHOEUR.

Au Dieu d'Amour livrez vôtre ame,
Le plaisir naît de ses ardeurs;
Qu'il triomphe, qu'il vous enflâme,
Qu'il enchaîne à jamais vos cœurs.

FIN DU PREMIER ACTE.

ACTE SECOND.

Le Theâtre represente une Campagne fertile. On voit sur le devant, d'un des côtez du Theâtre, LE FLEUVE LE'THE' endormi sur son Urne, & au fonds, la Mer.

SCENE PREMIERE.

LE CARNAVAL.

SOus les Loix de l'Hymen je me range sans peine,
Mon cœur y trouve des appas.
Dieu du Vin, n'en murmure pas,
Tu dois t'applaudir de ma chaîne.
Les doux plaisirs qu'il prépare pour moy,
Mettront le comble à ta victoire;
Les fruits de mon hymen ne naîtront que pour toi;
Bacchus, je les vouë à ta gloire.

SCENE II.

LE CARNAVAL, ET LA FOLIE.

LE CARNAVAL.

ENfin la Beauté que j'adore,
Va s'unir avec moy par les nœuds les plus doux.
L'Hymen va soulager le feu qui nous dévore ;
Que nous serons d'heureux Epoux !

LA FOLIE.

Nous ne le sommes pas encore.

LE CARNAVAL.

Plutus & la Jeunesse approuvent mon ardeur ;
Quel autre peut encor me nuire ?

LA FOLIE.

Moy.

LE CARNAVAL.

Vous ?

LA FOLIE.

J'allois sans eux faire vôtre bonheur ;
Leur aveu vient de le détruire.

LE

LE CARNAVAL.

Vous voulez rire.

LA FOLIE.

Non, non, apprenez une fois
A connoître mieux la Folie;
Je ne ſuis point ſoûmiſe aux loix
De ceux qui m'ont donné la vie,
Le contraire de leur envie,
Détermine toûjours mon choix.

LE CARNAVAL.

Sont-ce-là les plaiſirs ou l'hymen me convie...

LA FOLIE.

Cet hymen, ces plaiſirs ne ſont plus de ſaiſon.

LE CARNAVAL.

Quoy! vous changez, Perſide! & par quelle injuſtice!..

LA FOLIE.

Je vous aimois ſans raiſon,
Et je change par caprice.

LE CARNAVAL.

Ciel, me reſerviez-vous à ce cruel ſupplice!

LA FOLIE.

J'entends vôtre cœur ſoûpirer
De l'excés de vôtre martyre?
Goûtez, ſi vous voulez, le plaiſir d'en pleurer;
Mais, laiſſez-moy celuy d'en rire.

LE CARNAVAL.

Non, non, n'esperez pas joüir de mes douleurs.

LA FOLIE.

Ne cachez point les allarmes
Que vous causent mes rigueurs:
Versez du moins quelques pleurs,
Pour la gloire de mes charmes.

LE CARNAVAL.

Non, non, n'esperez pas joüir de mes douleurs.

Je dégage mon cœur, & je vous rends le vôtre,
Ce n'est plus qu'au dépit que je veux me livrer.
Amour, cesse de m'assûrer,
Que nous étions faits l'un pour l'autre.

LA FOLIE.

Vous pouvez éprouver le charme
Des ondes dont ce fleuve arrose ces côteaux:
Ne croyez pas que vôtre oubly m'allarme,
Ma beauté me promet mille esclaves nouveaux.

LE CARNAVAL

Vous serez contente, Inhumaine,
J'éteindray tous les feux dont mon cœur est remply;
Indigne d'amour & de haine,
Vous ne meritez que l'oubly.

Fuyons, souffrons enfin que la Raison me guide,
Je vais loin de vos yeux briser d'indignes fers:
Je vais entre nous deux, Perfide,
Mettre tout l'espace des Mers.

Il sort.

LA FOLIE.

Ah! n'ayons pas l'affront que l'on me quitte,
Neptune, tu me dois l'hommage des Mortels;
C'est moy qui par leurs mains ay dressé tes Autels,
Refuse ton onde à sa fuite.

La Mer se souleve, & les Vents grondent.

LA FOLIE.

Vous voyez mon pouvoir; tous les Vents furieux
Ont troublé le repos de l'Onde,
La terre tremble, le ciel gronde,
Les flots s'élevent jusqu'aux cieux.

CHOEUR de Gens qui font naufrage.

Ciel! ô Ciel!

LA FOLIE ET LE LETHÉ.

Quels Malheureux périssent?

CHOEUR.

Mille abîmes profonds s'offrent à nos regards;
Les ondes & la mort entrent de toutes parts:
Dieux! ô Dieux! que nos cris, que nos vœux, vous fléchissent!

Une troupe de Matelots descend d'un Vaisseau échoüé.

SCENE III.

LA FOLIE, LE CARNAVAL, LE CHEF DES MATELOTS, ET LES CHOEURS.

LA FOLIE, au CARNAVAL.

Ce sont mes Favoris que vous voyez venir ;
L'orage sur ces bords les contraint de descendre :
Ne vous éloignez pas, ils pourront vous apprendre
A perdre un triste souvenir.

LE CHEF DES MATELOTS.

Nos Compagnons victimes de l'orage,
Ont souffert à nos yeux un trépas plein d'horreurs ;
Privez au fonds des eaux des funebres honneurs,
Leurs mânes vont errer sur le fatal rivage :
Ne nous exposons plus à de pareils malheurs.

CHOEUR

Que les vents, loin de nous exercent leur ravage ;
Evitons à jamais les écueils & l'orage.

On danse.

LE CHEF DES MATELOTS, avec LE CHOEUR

Embarquons-nous, tout rit à nos desirs,
Le vent propice nous seconde,
La Fortune & tous les Plaisirs
Nous attendent au bout du monde.

LA FOLIE.

Arrêtez, Ingrats, arrêtez;
Et du moins en partant, rendez-moy vôtre hommage.

C'est moy qui vous trace l'image,
Des biens & des plaisirs que vous vous promettez,
Et vôtre espoir est mon ouvrage:

Arrêtez, Ingrats, arrêtez,
Et du moins en partant, rendez-moy vôtre hommage.

Les Matelots luy rendent leur hommage. Elle les touche de sa Marotte; ce qui leur donne une nouvelle ardeur.

LA FOLIE.

L'orage en amour présage un doux sort
Le plus cher des plaisirs nous attend au port.

Un beau jour s'apprête,
Tout sert nos desirs;
Voyez la tempête
Céder aux zéphirs.

L'orage en amour présage un doux sort,
Le plus cher des plaisirs nous attend au port.

Passez au rivage
L'hyver de vos ans,
Craignez moins l'orage
Dans vôtre printems ;
Voguez en paix & bravez la rage
Des flots & des vents.

L'orage en amour présage un doux sort,
Le plus cher des plaisirs nous attend au port.

On danse.

LA FOLIE ET LE CHOEUR.

Vents qui ne troublez point les flots,
Regnez sur les humides Plaines :
Fuyez, Vents orageux, laissez l'Onde en repos ;
Eole, resserre leurs chaînes.

Les Matelots se rembarquent.

SCENE IV.

LE CARNAVAL, LA FOLIE.

LE CARNAVAL.

LA raiſon contre vous n'a que de foibles armes,
Je ne puis vaincre mon ardeur ;
Les efforts que je fais pour oublier vos charmes,
Les gravent encore mieux dans le fond de mon cœur:

Il eſt temps qu'à mes feux vôtre caprice céde,
Commencez mes plaiſirs, & terminez mes maux.

LA FOLIE.

Je vous laiſſe avec le remede,
Vos yeux ont appris le pouvoir de ces eaux.

SCENE V.

LE CARNAVAL.

OUy, Cruelle, il est temps que mon dépit éclate:
Puisons icy l'oubly de mes folles amours;
Mais non, pour oublier l'Ingrate,
Le vin est le plus sûr secours.

Etein mes feux, brise ma chaîne;
Dieu du vin, guery ma langueur:
Verse, verse à longs-traits ta charmante liqueur;
Et pour me venger de ma peine,
Vien noyer l'Amour dans mon cœur.

Je vais chercher Momus; je veux qu'à tasse pleine,
Il m'aide à triompher de mon indigne ardeur.

Bacchus, rends aujourd'huy ma victoire certaine,
Verse, verse à longs-traits ta charmante liqueur;
Et pour me venger de ma peine,
Vien noyer l'Amour dans mon cœur.

FIN DU SECOND ACTE.

ACTE III.

LA FOLIE.

Cessez donc de plaindre des feux
Qui l'ont débarrassé d'une raison cruelle:
N'est-il pas encor trop heureux,
D'être delivré d'elle?

MOMUS.

Insultez-vous encor à son trouble amoureux?

LA FOLIE.

La raison pour un cœur n'est qu'un bien rigoureux,
Et sa perte est un doux dommage;
Vous-même, seriez-vous heureux?
Si vous étiez plus sage?

MOMUS.

Quittons des détours superflus,
C'est assez éprouver vôtre ame:
Si vous m'aviez parû trop sensible à sa flâme,
Je vous aurois caché qu'il ne vous aime plus.

LA FOLIE.

Quoy!

MOMUS.

De son cœur l'Amour n'est plus le maître,
Ces eaux que vous-même....

LA FOLIE.

Ah! le Traître!

MOMUS.

Elles ont fini son tourment.

LA FOLIE.

Juste Ciel ! puis-je croire un si grand changement ?

MOMUS.

L'oubly succede aux feux que vous aviez fait naître;
Affranchis désormais d'amour & de chagrin,
Nous pourrons du soir au matin,
Boire à long-traits, chanter & rire :
Belles, le verre en main, nous braverons vos coups,
Et nous ne songerons à vous,
Que pour le plaisir d'en médire.

LA FOLIE.

C'en est donc fait, tu n'es plus sous ma loy :
Ingrat, tous tes serments sont autant de parjures;
Si j'avois outragé ta foy,
Qui t'empêchoit, Cruel, d'éclater en murmures :
Il falloit m'accabler d'injures,
C'auroit été dumoins te souvenir de moy.

Je ne me connois plus dans ma douleur profonde;
Que tout sente avec moy mes déplaisirs cruels;
Abandonnons le soin du monde,
A la triste raison livrons tous les Mortels.

Déchirons, déchirons le Voile ſalutaire
Qu'au devant de leurs yeux je déployois toûjours;
Et que privez de mon ſecours,
Ils ſentent, comme moy, l'excès de leur miſere.

Elle jette ſa Marotte.

Vous, allez Sceptre vain, dont j'impoſe mes loix,
Vous n'êtes plus pour moy qu'un inutile poids;
Que ſert tout cet éclat, que ſert mon rang ſuprême,
Quand l'Ingrat que j'aimois m'oſe ſacrifier?
Ah! puiſqu'il a pû m'oublier,
Je voudrois m'oublier moy-même!

Elle ſe laiſſe tomber.

MOMUS.

Prenant la Marotte de la Folie.

Cet ornement peut ſervir mes deſirs;
Mais, j'ay pitié du trouble où ſon ame ſe livre.
Vous, qu'elle a choiſi pour la ſuivre,
Venez, & dans ſon cœur rappellez les plaiſirs.

SCENE III.

MOMUS, LA FOLIE, & ſa Suite.

CHOEUR des Suivantes de LA FOLIE.

CRaignez de vous faire
Un triſte deſtin ;
Si vous voulez plaire
Chaſſez le chagrin :
Dès que l'on s'y livre
On perd ſes appas ;
Eh, qui voudroit ſuivre
Déſormais vos pas ?
Eſt-il doux de vivre,
Quand on ne plaît pas ?

LA FOLIE, ſe relevant.

Quoy ! je verrois mes appas s'effacer !
Non, non, à ma douleur j'aime mieux renoncer.

LA FOLIE ET LE CHOEUR.

Qu'en ces lieux chacun chante ;
Que l'Echo chante avec nous.
Tout nous rit, tout nous enchante ;
Goûtons les biens les plus doux.
Heureux un cœur qui s'oublie !
Devenons encor plus foux ;
De nôtre aimable folie,
Rendons les ſages jaloux.

Un Rideau s'ouvre au fonds du Theâtre, & laiſſe voir un Salon remply de Muſiciens, auſquels un Maître de Muſique bat la Meſure : Il paroît en même temps un Profeſſeur de FOLIE, ſuivy de pluſieurs Ecoliers.

LE PROFESSEUR DE FOLIE.

SOn Professor di pazzia,
Volate, Scholari,
Sarete Dottori,
Nell'arte d'all'egria.

LE CHOEUR de la suite de la Folie, repete
Volate, &c.

LE PROFESSEUR, donnant un Papier de Musique, à un Musicien.

Cantate, cantate.

Il chante avec l'Ecolier.

Amorosi, sospiri
Son, il canto di cuori.

LE PROFESSEUR.

E la Prima lettione:
La Secunda, ballate.

Un Danseur & une Danseuse, dansent autour de luy.

LE PROFESSEUR, à un Poëte.

La Terza, rimate.

LE POETE se frottant le front & se rongeant les ongles.

L'ardore,
D'Amore.

LE PROFESSEUR.

Bene, bene.

LE POETE.

L'Ardore,
D'Amore....
E goia d'el cuore.

LE PROFESSEUR.

Bene, bene, bene.

Cantate, ballate, rimate;
E d'ella pazzia la perfettione.

LE CHOEUR repete Cantate, &c.

LE MUSICIEN ET LE CHOEUR.

Amour, fai-nous ressentir tes feux,
Triomphe, triomphe, vien nous rendre heureux.

Que tes faveurs soient pour les plus foux.
Fuyez, Sagesse,
Fuyez, Vieillesse;
Nos tendres plaisirs ne sont pas faits pour vous.

Amour, fai-nous ressentir tes feux,
Triomphe, triomphe, vien nous rendre heureux.

Puni les Cruelles
Et les Inconstants;
Attendri les Belles,
Fixe les Amants;
Qu'ils soient tous fidelles,
Qu'ils soient tous contents.

LA FOLIE, en menant le Branle.

Venez poursuivre ailleurs cette rejouissance,
Le changement de lieux plaît à mon inconstance.

SCENE IV.

ACTE QUATRIE'ME.

Le Theâtre représente les Jardins de PLUTUS & de LA JEUNESSE, désolez par les Vents.

SCENE PREMIERE.

LA FOLIE.

MOn Amant dans mes fers est toûjours arrêté,
Au trouble de ces lieux je voy trop qu'il m'adore :
Malgré le secours du Léthé,
Puisqu'il se venge, il m'aime encore.
Quel triomphe pour mes attraits !
Ah ! que sa vengeance m'enchante !
L'Air mugissant, l'Onde grondante,
Les Arbres arrachez dans le sein des Forests ;
Les Rochers renversez, & la Terre tremblante ;
Ah ! que la vengeance m'enchante !
Quel triomphe pour mes attraits !

SCENE II.

LE CARNAVAL, LA FOLIE.

LA FOLIE.

La guerre qu'en ces lieux les Vents ont declarée,
Est donc l'effet de vos transports?
En croirons-nous l'impetueux Borée?
Il jure qu'il vous sert, en ravageant ces bords.

LE CARNAVAL.

N'en doutez point; il venge un amour qu'on outrage.

LA FOLIE.

Quoy? vous m'aimez encore!

LE CARNAVAL.

Eh! puis-je vous haïr?
Vainement je m'excite à la haine, à la rage,
Ce cœur, ce lâche cœur ne sçauroit m'obéir.

Bacchus me fuit, & Comus m'abandonne;
Silene rit de mes vœux superflus:
Moy-même je m'oublie, & ne m'enyvre plus,
Que d'un amour qui m'empoisonne.

LA FOLIE.

Que ces transports charment mes yeux!

LE CARNAVAL.

Faut-il ne les sentir que pour une Infidelle!
Perfide, reconnois les lieux
Où tu m'avois promis une ardeur éternelle.

LA FOLIE s'assoit, & s'assoupit au Recit suivant.

Tu vois parmy les fleurs, cette eau suivre son cours,
Nos soûpirs s'y mêloient au murmure de l'onde.
Regarde ces sombres détours,
Nos amours y croissoient dans une paix profonde.

Ces Arbres, ces Rochers sont témoins de ta foy.
Dans ce lieu même où mon amour te blesse,
Mille fois les Echos m'ont redit, après toy,
Je jure de t'aimer sans cesse.

LA FOLIE.

Plaignez toûjours ainsi la rigueur de vos maux.
Non, le sommeil n'a point de si puissants pavots;
C'est vainement que mes yeux s'en défendent,
Les Aquilons m'ont ôté le repos,
Vos tendres plaintes me le rendent.

LE CARNAVAL.

Ciel! quel est donc pour moy ce mépris obstiné?
Vous ajoûtez encor l'outrage à vos parjures.

LA FOLIE.

Pourquoy m'éveillez-vous? contraignez vos murmures,
Respectez le repos que vous m'avez donné.

LE CARNAVAL.

C'en eſt trop, Déeſſe inhumaine;
Craignez le déſeſpoir où vous m'avez jetté,
De mille affreux tranſports mon cœur eſt agité,
Et la Rage y confond & l'Amour & la Haine.

LA FOLIE, ſe levant.

Eſt-ce donc là l'effet qu'a produit le Léthé?
Ses eaux n'ont pas éteint l'ardeur qui vous poſſede:
Mes traits de vôtre cœur ne ſont pas effacez;
L'eau vous eſt un fâcheux remede,
Vous n'en aurez pas pris aſſez.

LE CARNAVAL.

Ah! chaque mot accroît le couroux qui m'entraîne!

LA FOLIE.

Il faut aux Amants plus d'un jour,
Pour briſer une aimable chaîne:
Et l'oubly ne prend pas ſans peine,
La place d'un premier Amour.

LE CARNAVAL.

Perfide, vous avez éprouvé le contraire,
En moins d'un jour vos feux ſe ſont éteints.
MOMUS paroît.
Et voilà déſormais le Dieu qui ſçait vous plaire.

LA FOLIE.

Ciel! qui peut avoir mis mon Sceptre dans ſes mains?

SCENE III.

LA FOLIE, LE CARNAVAL, ET MOMUS.

LA FOLIE, reprend sa Marotte.

QUittez cet ornement que je tiens des Destins,
Et par qui tout se range à mon obéïssance ;
Quoy ! vouliez-vous sur les Humains,
Exercer ma puissance?

LE CARNAVAL.

Eh ! n'est-ce pas de vous que Momus en ce jour,
A reçû ce gage d'amour ?

MOMUS.

Je vous ay trompé l'un & l'autre :
Mais, c'est assez joüir de son trouble & du vôtre.

Nous n'aurons plus de regrets à former,
Et chacun a suivy le penchant qui l'inspire :
Le vôtre étoit de vous aimer,
Le mien étoit d'en rire.

SCENE IV.

PLUTUS, LA JEUNESSE, LE CARNAVAL, LA FOLIE, ET MOMUS.

PLUTUS ET LA JEUNESSE.

Dieu cruel, fuyez de ces lieux;
N'êtes-vous pas content de cet affreux ravage;
Fuyez, n'offrez plus à nos yeux,
Un Ennemy qui nous outrage.

LE CARNAVAL.

Ah? pardonnez l'effet d'un transport amoureux.

PLUTUS ET LA JEUNESSE.

Non, non, perdez toute esperance;
Allez porter ailleurs vôtre rage & vos vœux:
Nous ne voudrons jamais, aprés ce trouble affreux,
D'une si funeste alliance.

LA FOLIE.

Vous ne le voulez plus?

PLUTUS ET LA JEUNESSE.

Non,

LA FOLIE.

Et moy je le veux.

Pour

Pour couronner ſa flâme,
Et trouver nos liens charmants,
Voilà les ſentiments
Où j'attendois vôtre ame.

On entend une Symphonie ; Jupiter deſcend ſur des nuages avec Venus, Bacchus & Mercure.

PLUTUS ET LA JEUNESSE.

Mais, quels nouveaux concerts, & quels brillants nuages !
Les Dieux de leur preſence honorent ces rivages.

SCENE DERNIERE.

JUPITER, VENUS, BACCHUS, MERCURE, & les Acteurs de la Scene précedente.

JUPITER, à PLUTUS, & à la JEUNESSE.

NE combattez plus leurs deſirs ;
Le Sort veut que l'Hymen & l'Amour les uniſſent:
Et qu'à ce nœud charmant, par de nouveaux plaiſirs,
Le Ciel & la Terre applaudiſſent.

Que ce Jardin ſe change en un Palais pompeux ;
Qu'un Trône s'éleve pour eux,
Qu'ils y goutent en paix une douce victoire.

Le Theâtre repreſente le Palais du Carnaval.

JUPITER ET VENUS.

Vous, Mortels, accourez: tout icy vous engage
A celebrer de si beaux nœuds;
Que vos plaisirs soient vôtre hommage,
Le Sort ne les unit que pour vous rendre heureux.

Troupe de differents Peuples qui viennent rendre hommage au CARNAVAL: Ils prennent de sa main, des Masques; & de celle de la FOLIE, des Marottes; & reviennent masquez se placer sur des Gradins.

CHOEUR.

Rassemblons-nous, dansons, folâtrons, chantons tous;
Celebrons par nos chants une chaîne si belle:
Que leur flâme soit éternelle;
Ah! quel bonheur & pour eux & pour nous!

JUPITER, au CARNAVAL.

Exerce à l'avenir un pouvoir glorieux,
Vien recevoir les dons des Dieux.

CHOEUR.

Viva, viva, sempre viva,
Il Dio d'ell'allegria.

JUPITER ET VENUS, au CARNAVAL, en luy faiſant prendre une Robe garnie de Maſques.

Sù, ſù, pigliate
Quella divina veſte,
Quando è come vi piacera,
Ogni volto ſi cangiera.

CHOEUR.

Viva, viva, ſempre viva,
Il Dio d'ell'allegria.

BACCHUS, donnant au Carnaval une coëffure de Pampre & de Lierre.

Ti corona il Pampino,
Sarai ſempre Dio del vino.

AIR AJOUTE'.

LA FOLIE.

Lietto brilla il cor nel petto,
Riede l'alma à feſteggiar,
E pur caro quel diletto,
Che ſi prova nel amar.

CHOEUR.

Viva, viva, ſempre viva,
Il Dio d'ell'allegria.

FIN.

PRIVILEGE DU ROY.

LOUIS par la grace de Dieu, Roy de France & de Navarre : A nos amez & feaux Conseillers, les Gens tenant nos Cours de Parlement, Maîtres des Requêtes ordinaires de nôtre Hôtel, Grand Conseil, Prevôt de Paris, Baillifs, Sénéchaux, leurs Lieutenans-Civils, & autres nos Justiciers qu'il appartiendra, Salut. Les Sieurs Besnier, Avocat en Parlement, Chomat, Duchesne, & de la Val de S. Pont, Bourgeois de nôtre bonne Ville de Paris ; Nous ont fait remontrer, qu'en consequence de l'Arrest de nôtre Conseil du 12. Decembre 1712. du Traité fait entr'eux & les Sieurs de Francine & Dumont, le 24. desdits Mois & An, & de nos Lettres Patentes du 8. Janvier ensuivant, confirmatives dudit Traité ; Ils auroient acquis le Privilege, de faire representer les Opera durant le temps de vingt années, à compter du 10. Aoust 1712. ainsi que le Privilege de la vente des Paroles desdits Opera, lesquelles ils desireroient faire imprimer pour les donner au Public, s'il Nous plaisoit leur accorder nos Lettres de Privilege sur ce necessaires : A CES CAUSES ; desirant favorablement traiter les Exposants, attendu les charges dont l'Academie Royale de Musique se trouve oberée, & les grandes dépenses qu'il convient de faire, tant pour l'Impression que pour la Gravûre en Taille-douce des Planches dont ce Livre sera orné ; Nous leur avons permis & permettons par ces Presentes, de faire imprimer & graver les Paroles & la Musique de tous lesdits Opera, qui ont été ou qui seront representez par l'Academie Royale de Musique, tant separément que conjointement, en telle forme, marge, caractere, nombre de Volumes & de fois que bon leur semblera, & de les vendre & debiter par tout nôtre Royaume pendant le temps de dix-neuf années consecutives, à compter du jour de la datte desdites Presentes. Faisons défenses à toutes personnes, de quelque qualité & condition qu'elles puissent être, d'en introduire d'impression étrangere, dans aucun lieu de nôtre obéïssance : Et à tous Imprimeurs, Libraires, Graveurs, & autres, d'imprimer, faire imprimer, vendre, faire vendre, débiter ny contrefaire lesdites Impressions, Planches & Figures, en tout ny en partie, sans la permission expresse & par écrit desdits Sieurs Exposans, ou de ceux qui auront droit d'eux, à peine de confiscation des Exemplaires contrefaits, de six mille livres d'amende contre chacun des Contrevenants, dont un tiers à Nous, un tiers à l'Hôtel-Dieu de Paris, l'autre tiers ausdits Sieurs Exposans, & de tous dépens, dommages & interests, à la charge que ces Presentes seront enregistrées tout au long sur le Registre de la Communauté des Imprimeurs & Libraires de Paris, & ce dans trois Mois de la datte d'icelles ; que la gravûre & impression desdits Opera sera faite dans nôtre Royaume & non ailleurs, en bon papier & en beaux caracteres, conformément aux Reglemens de la Librairie, & qu'avant de les exposer en vente, il en sera mis deux Exemplaires dans nôtre Bibliotheque publique, un dans celle de nôtre Château du Louvre, un autre dans celle de nôtre tres-cher & feal Chevalier Chancelier de France, le Sieur Phelypeaux, Comte de Pontchartrain, Commandeur de nos Ordres ; Le tout à peine de nullité des Presentes ; Du contenu desquelles vous mandons & enjoignons de faire joüir lesdits Sieurs Exposans, ou leurs Ayants-cause, pleinement & paisiblement, sans souffrir qu'il leur soit fait aucun trouble ou empeschement. Voulons que la Copie desdites Presentes, qui sera imprimée au commencement ou à la fin desdits Opera, soit tenuë pour dûëment signifiée ; & qu'aux Copies collationnées par l'un de nos amez & feaux Conseillers & Secretaires, foy soit ajoûtée comme à l'Original. Commandons au premier nôtre Huissier ou Sergent, de faire pour l'execution d'icelles tous Actes requis & necessaires, sans demander autre permission, & nonobstant Clameur de Haro, Charte Normande & Lettres à ce contraires. CAR tel est nôtre plaisir. DONNÉ à Versailles le vingtiéme jour d'Aoust l'An de Grace mil sept cent treize, & de nôtre Regne le soixante-onziéme, Par le Roy en son Conseil. Signé BESNIER, avec paraphe, & scellé.

Registré sur le Registre N°. III. de la Communauté des Libraires & Imprimeurs de Paris. *Page* 648. N°. 741. conformément aux Reglemens, & notamment à l'Arrest du 30. Aoust 1703. Fait à Paris ce 12. Septembre 1713. *Signé*, L. JOSSE, Syndic.

Par Traité passé, DE L'ORDRE DU ROY, pardevant Notaires, le 22. Novembre 1727. entre l'Academie Royale de Musique, & le Sr. BALLARD, Seul Imprimeur du Roy, &c. Il est Cessionnaire de ladite Academie, pour ce qui regarde les Livres mentionnez au Privilege cy-dessus.

www.ingramcontent.com/pod-product-compliance
Ingram Content Group UK Ltd.
Pitfield, Milton Keynes, MK11 3LW, UK
UKHW021511260726
13993UKWH00004B/1634